AF495119

29 Janvier 1908

VENTE
du 29 Janvier 1908
HOTEL DROUOT
*Salle n° 6*
à deux heures et demie

# TABLEAUX

## Anciens & Modernes

COMMISSAIRE-PRISEUR :
**Me LAIR-DUBREUIL**

EXPERT :
**M. Henri HARO**

# CATALOGUE

**Première Partie**

# TABLEAUX ANCIENS ET MODERNES

APPARTENANT A DIVERS

**Deuxième Partie**

# Tableaux Anciens et Modernes

**Dépendant de la succession de M. A...**

DONT LA VENTE AURA LIEU

HOTEL DROUOT, SALLE N° 6

**Le Mercredi 29 Janvier 1908**

à deux heures et demie

**EXPOSITION PUBLIQUE : le Mardi 28 Janvier 1908**

de une heure et demie à cinq heures et demie

| Me LAIR-DUBREUIL | M. Henri HARO |
|---|---|
| COMMISSAIRE-PRISEUR | PEINTRE-EXPERT |
| 6, rue Favart, 6 | 14, rue Visconti et rue Bonaparte, 20 |

*CE CATALOGUE SE DISTRIBUE*

A PARIS, CHEZ :

| Me LAIR-DUBREUIL | M. HENRI HARO |
| --- | --- |
| COMMISSAIRE-PRISEUR | PEINTRE-EXPERT |
| 6, rue Favart, 6 | 14, rue Visconti et rue Bonaparte, 20 |

## CONDITIONS DE LA VENTE

Elle sera faite au comptant.

Les adjudicataires payeront *dix pour cent* en sus des enchères.

## PREMIÈRE PARTIE

---

# Tableaux Anciens et Modernes

### APPARTENANT A DIVERS

## BIESSCHOP (A.)

1 — *Le Dindon.*

Sur un fût de colonne brisée, un dindon blanc se tient perché. Au premier plan, une poule surveille ses poussins. Dans les arbres voltigent un martin-pêcheur, un perroquet, etc. A gauche, sous l'arcade d'un pont, on aperçoit un fond de paysage.

Signé à droite et daté 1724.

Toile. Haut., 1 m. 45; larg., 1 m. 05.

Cadre bois sculpté.

## BONINGTON

(Attribué à)

2 — *L'Arrivée des bateaux.*

Bois. Haut., 48 cent.; larg., 95 cent.

## BOUCHER

3 — *La Bouquetière surprise.*

Une jeune bouquetière se défend contre les entreprises d'un galant qui cherche à lui dérober un baiser. Des fleurs s'échappent de son tablier. Son large chapeau de paille est posé sur un banc de pierre.

**Toile. Haut., 60 cent.; larg., 71 cent.**

## BREUGHEL

4 — *La Révolte des Paysans.*

Au premier plan, au milieu des vignes, trois paysans, armés d'une pioche, d'une bêche et d'une hache, vont massacrer un jeune seigneur à demi renversé à terre, qui lève la main en signe de supplication. Plus loin, vers la droite, d'autres révoltés enterrent les cadavres de quelques seigneurs. Dans le fond, une ferme saccagée au pied d'une colline. Vers la gauche, une troupe d'archers s'éloigne.

**Bois. Haut., 71 cent.; larg., 96 cent.**

## CERQUOZZI

5 — *Nature Morte.*

Toile. Haut., 53 cent.; larg., 66 cent.

## COELLO

(Attribué à)

6 — *Portrait de Philippe IV d'Espagne.*

Il est vu de trois quarts jusqu'à la taille, revêtu d'une cuirasse damasquinée; une vaste collerette encadre son visage.

Toile. Haut., 70 cent.; larg., 55 cent.

## COELLO

(École de)

7 — *Portrait d'Homme.*

Toile. Haut., 59 cent.; larg., 47 cent.

## COURTOIS (JACQUES)

(*dit le* BOURGUIGNON)

8 — *Une Bataille.*

Toile. Haut., 21 cent.; larg., 35 cent.

## DREUX (Dorcy)

9 — *Flore.*

Forme ovale.

Bois. Haut., 45 cent.; larg , 39 cent.

## DYCK (van) (Antoine)

(Attribué à)

10 — *Portrait d'Homme.*

Toile. Haut., 59 cent.; larg., 51 cent.

## GÉRARD (Mlle)

11 — *Portrait d'Homme.*

Assis sur un tertre de verdure, dans la campagne, il est vu de face, nu tête, son chapeau posé auprès de lui. De figure encore jeune, il porte des cheveux grisonnants. Un long manteau vert déboutonné découvre le gilet et la cravate blanche; le pantalon jaune est recouvert en partie par les bottes.

Ce portrait était indiqué comme pouvant être celui de Fragonard.

Toile. Haut., 64 cent.; larg., 53 cent.

## GREUZE

(Attribué à)

12 — *L'Enfant à la Cage.*

Forme ovale.
Cadre bois sculpté.

Toile. Haut., 94 cent.; larg., 78 cent.

## GRIMOUX

13 — *Portrait d'un Comédien.*

Revêtu d'un turban vert, il tourne de trois quarts une face colorée. Sa chemise est entr'ouverte. Son habit vert, à galons d'or, est recouvert d'un large manteau de velours de même couleur, à grands plis et vivement éclairé.

Toile. Haut., 81 cent.; larg., 65 cent.

Cadre bois sculpté.

## GRIMOUX

14 — *L'Oiseau envolé.*

Une fillette ayant près d'elle une cage ouverte lève la main vers l'oiseau qui vient de s'échapper.

Toile. Haut., 81 cent.; larg., 64 cent.

## ÉCOLE ALLEMANDE

15 — *Le Camp.*

Toile. Haut., 58 cent.; larg., 47 cent.

## ECOLE ANGLAISE

16 — *Portrait de Sir Josua Reynolds.*

Toile. Haut., 76 cent.; larg., 63 cent.

## ÉCOLE ESPAGNOLE

17 — *Pieta.*

Toile. Haut., 76 cent.; larg., 58 cent.

## ÉCOLE ESPAGNOLE

18 — *Vierge et Enfant Jésus.*

Forme ovale.

Toile. Haut., 36 cent.; larg., 44 cent.

## ÉCOLE ESPAGNOLE

19 — *Une suite de quatre gouaches. Armoiries avec les inscriptions ci-dessous :*

*De sus rayos mi fuego.*
*Inserta coronae fert decus.*
*Hasta la Muerte.*
*Et castis alitur curis.*

## ÉCOLE FLAMANDE

20 — *Béatification d'une Sainte.*

La Sainte est en prière, à genoux, tandis que le Saint Esprit descend sur sa tête. En haut, Dieu le Père et le Christ, assistés de la Sainte Vierge et de saint Jean-Baptiste, se préparent à couronner la bienheureuse. De chaque côté, des saints et des saintes.

Bois. Haut., 81 cent.; larg., 58 cent.

# ÉCOLE FLAMANDE

21 — *Tryptique : La Vierge et l'Enfant.*

Dans le panneau central, devant une large baie qui découvre au loin une rivière, baignant un moulin, la Vierge est assise, un livre dans la main, jetant un tendre regard sur l'Enfant Jésus qu'elle tient sur ses genoux. Celui-ci élève la main droite et tient de la gauche une pomme.

Au panneau de droite, un donateur et saint Jean-Baptiste.

Au panneau de gauche, une donatrice et sainte.

Au revers :
Un donateur et saint Jean-Baptiste.
Une donatrice et sainte.

Bois. Haut., 74 cent.
Largeur panneau milieu, 51 cent.
Largeur chaque volet, 21 cent.

## ÉCOLE FLAMANDE

22 — *Sainte Famille.*

Adossée à une colonne, la Sainte Vierge est assise, tenant sur ses genoux l'Enfant Jésus qui joue avec le petit saint Jean.

A sa droite, saint Joseph, dont la tête se détache sur un motif d'architecture est debout, tourné vers ce groupe et s'appuie sur son bâton. A gauche, derrière la Vierge, un paysage accidenté et un château.

Bois. Haut., 76 cent.; larg., 55 cent.

## ÉCOLE FLAMANDE

23 — *L'Adoration de l'Enfant.*

L'Enfant Jésus est couché en plein air sur un lit de paille. La Sainte Vierge est à genoux, en prière devant lui, les mains jointes et les yeux baissés; à ses côtés deux anges prient, tandis qu'à droite apparaît Saint Joseph. Derrière eux s'élève une colline, puis des montagnes bleutées. Dans le ciel, apparaissent trois anges chantant la gloire du nouveau-né.

Cintré du haut.

Bois. Haut., 49 cent.; larg., 33 cent.

## ÉCOLE FRANÇAISE

24 — *Décoration composée de douze panneaux et de deux dessus de porte.*

Les quatre panneaux principaux représentent, au milieu d'ornements de rinceaux, de guirlandes de roses et de fleurs variées, les attributs de divers plaisirs ou passe-temps de la vie.

Dans l'un, une torche enflammée brûle auprès de deux cœurs transpercés d'une même flèche, sur un piédestal garni de guirlandes; au pied de cet autel de l'amour, deux colombes et un carquois.

Au centre du second panneau, un chapiteau supporte divers accessoires de chasse : c'est d'abord un faisan mort, les ailes déployées, un fusil,puis un panier rempli de gibiers divers. En bas, à une des guirlandes est suspendu un carquois rempli de flèches.

On remarque, dans le troisième, les différents emblêmes de la vie à la campagne. Une cornemuse et un chapeau de bergère sont placés au-dessous d'un panier chargé de raisins, de pommes et de cerises; l'on remarque aussi une pelle, une outre, et, suspendus au-dessous de ce sujet central, dans une gerbe de fleurs, une flûte, un rateau, une corne, une couronne de laurier.

Le quatrième panneau est consacré axu sciences ; sur une planche que supporte un chapiteau l'on aperçoit une longue-vue, une sphère, une feuille de papier, un compas et d'autres instruments de précision. En bas, aux rinceaux, sont suspendus un thermomètre et une boussole. Quelques fruits se mêlent aux ornements et aux guirlandes de fleurs du pourtour.

Dans les huit panneaux suivants, qui se font pendant deux par deux, l'on remarque comme motifs principaux au milieu d'ornements, de rinceaux et de guirlandes, des instruments de musique, des paniers de roses, des cœurs et des flèches, des colombes.

Les deux dessus de porte représentent des paniers chargés de fleurs et de fruits.

Toiles:

3 panneaux. Haut., 2 m. 71; larg., 1 mètre.
1 panneau. Haut., 2 m. 71; larg., 1 m. 10.
8 panneaux. Haut. 2 m. 71; larg., 40 cent.
2 Dessus de porte. Haut., 82 cent.; larg., 1 m. 39.

## ÉCOLE FRANÇAISE

25 — *Vénus et Adonis.*

Toile. Haut., 62 cent.; larg., 98 cent.

## ÉCOLE FRANÇAISE

26 — *Portrait d'Homme à perruque.*

Cadre bois sculpté.

Toile. Haut., 65 cent.; larg., 54 cent.

## ÉCOLE FRANÇAISE

27 — *La Toilette de Diane.*

Toile. Haut., 88 cent; larg., 92 cent.

## ÉCOLE FRANÇAISE

28 — *Le Marchand de Plaisir endormi.*

Toile. Haut., 36 cent.; larg., 44 cent.

## ÉCOLE FRANÇAISE

29 — *Les Trois Couleurs.*

Toile. Haut., 28 cent.; larg., 25 cent.

## ÉCOLE FRANÇAISE

30 — *Fête nautique.*

Gouache.

## FALENS (VAN)

31 — *Cavaliers devant une auberge.*

Bois. Haut., 26 cent.; larg., 34 cent.

## FRANCIA

(École de)

32 — *La Vierge et l'Enfant Jésus.*

Au milieu d'un paysage, la Vierge est assise, la tête légèrement inclinée à droite vers l'Enfant Jésus assis sur ses genoux. Un large manteau bleu, doublé de vert, est jeté sur sa tête, que recouvre un léger voile de gaze, et vient retomber sur ses épaules. Elle porte un corsage rouge à bordures dorées et une jupe bleue.

Bois. Forme ronde, diamètre, 76 cent.

## FRANCIA

(École de)

33 — *Vierge tenant l'Enfant Jésus sur ses genoux.*

Cadre bois sculpté.

Toile. Haut., 74 cent.; larg., 60 cent.

## HONDEKOETER

?

34 — *La Poule blanche.*

Dans un paysage, une poule blanche est couchée et abrite ses petits, un canard surveille les siens qui se baignent dans une mare; sur un talus, d'autres poules et coqs se reposent; dans les airs, des oiseaux voltigent; sur la gauche, on voit arriver un dindon qui fait la roue.

Cadre bois sculpté.

Toile. Haut., 1 m. 45; larg., 1 m. 05.

## JANSSENS

35 — *Le Bal.*

Dans une vaste galerie carrelée, à colonnades, le groupe des danseurs et danseuses se déploie en farandole, tandis que, placés sur un tréteau, quelques violons les accompagnent; tout autour, quelques groupes regardent; au fond, un valet fait son entrée avec des rafraîchissements.

Cadre bois sculpté.

Haut., 61 cent.; larg., 88 cent.

## JARDIN (Karel du)

?

36 — *Animaux au pâturage.*

Toile. Haut., 50 cent.; larg., 43 cent.

## LAGRÉNÉE

37 — *Vénus.*

Assise, les seins découverts, la déesse retient de la main gauche le voile blanc qui la drape ; les cheveux blonds sont garnis de perles ; à sa droite deux colombes.

Ancienne collection de M. Verdier, de Bordeaux, où ce tableau était catalogué sous le nom de François Boucher.

Forme ovale.

Toile. Haut., 72 cent.; larg., 60 cent.

## LAWRENCE

(D'après)

38 — *Le Frère et la Sœur.*

Miniature.

## LEFEBVRE (Claude)

(Attribué à)

39 — *Portrait d'un Jeune Seigneur.*

Il est vu jusqu'à mi-corps, sa tête se détachant sur un fond brun. Une perruque bouclée encadre sa face pâle ; dans l'expression rêveuse de ses yeux bruns se lit comme une préoccupation intérieure; un jabot de dentelle retombe sur le manteau noir qui, entr'ouvert à la taille, laisse apercevoir la chemisette blanche.

Cadre bois sculpté.

Toile. Haut., 79 cent.; larg., 62 cent.

## LONGHI

(Attribué à)

40 — *Le Festin.*

135 Toile. Haut., 31 cent.; larg., 24 cent.

## MAYER (Mlle Constance)

41 — *Une Muse.*

Vue en buste, elle regarde de face, la bouche entrou'verte, couronnée de lauriers. Son voile, retenu par un ruban jaune, laisse voir les seins. Un manteau vert est jeté sur son épaule.

Toile. Haut., 55 cent.; larg., 46 cent.

## MYTENS

(École de)

42 — *Portrait de Femme.*

Toile. Haut., 82 cent; larg., 65 cent.

## PONTE (Jacopo da)

## *dit* Jacopo Bassano

43 — *Le Joueur de Luth.*

Il est assis sur un fauteuil florentin, vu jusqu'à mi-jambes, et jouant du luth. Il a le teint vif et les traits sympathiques dans l'encadrement de ses cheveux et de sa barbe frisés ; il chante ; il porte un vêtement de soie blanche à baguettes de satin noir.

Fond brun.

(Vente Sedelmeyer,)

Toile. Haut., 95 cent; larg., 83 cent.

## PRUD'HON

(Attribué à)

44 — *Les Jolis Petits Chiens.*

Toile. Haut., 65 cent.; larg., 50 cent.

## REYNOLDS (Sir Josua)

(Attribué à)

45 — *Portrait de Lord Spencer jeune.*

Derrière, en anglais on lit :

*Georges John, Vicomte Althorp XVII : plus tard Comte Spencer, premier lord de l'Amirauté dans la grande guerre.*

*Par Sir Joshua Reynolds.*

*Le grand tableau, en costume Van Dyck, est à Althorp.*

*Ceci en est l'étude achevée, le je·ne homme portant son costume habituel.*

*Reynolds refusa de peindre en perruque poudrée parce qu'il avait des cheveux magnifiques.*

Cadre bois sculpté.

Toile. Haut., 55 cent; larg., 43 cent.

## ROSALBA

(Attribué à)

46 — *Tête de Jeune Fille.*

Pastel.

## ROSALBA

(Attribué à)

47 — *Tête de Jeune Fille.*

Pastel.

Pendant du précédent.

## RYNENBURG (N.)

48 — *Portrait d'un Peintre dans son atelier.*

Le peintre, probablement Rynenburg, est assis près de son chevalet qui supporte un tableau représentant un sujet mythologique; il tient de la main gauche un appui-main, et a la droite appuyée sur la hanche ayant déposé près de lui sa palette, quelques marbres ornent son atelier; en haut, une draperie bleue.

Signé en haut et daté 1736.

Bois. Haut., 46 cent; larg., 36 cent.

## SASSO FERRATO

49 — *La Vierge et l'Enfant Jésus.*

Vue jusqu'à mi-corps, la Vierge penche sa tête que recouvre un voile blanc, vers l'Enfant Jésus endormi; elle est revêtue d'un corsage rouge, recouvert en partie par une vaste draperie bleue sur laquelle le Christ est assis.

Cadre bois sculpté.

Toile. Haut., 74 cent.; larg., 59 cent.

## VERNET

(École de)

50 — *Déchargement du bateau.*

Toile. Haut., 33 cent.; larg., 79 cent.

## VERNET

(École de)

51 — *Pendant du précédent.*

Toile. Haut., 33 cent.; larg., 79 cent.

# DEUXIÈME PARTIE

---

# Tableaux Anciens et Modernes

**DÉPENDANT DE LA SUCCESSION DE M. A...**

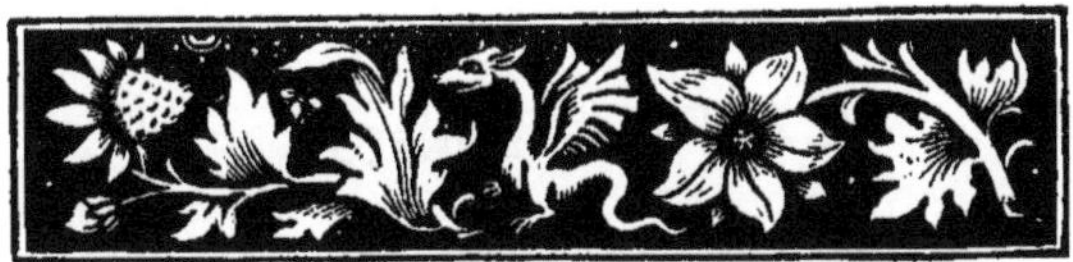

## ABSOLON (John)

52 — *$M^{lle}$ de Sombreuil sauvant la vie de son père.*

Aquarelle,
Signé à gauche et daté 1861.

## BURBANK (J.-M.)

53 — *Tête de Chien.*

Aquarelle.
Signé sous le cou du chien.

## CANO (Alonzo)

(Attribué à)

54 — *La Vierge et l'Enfant.*

Au pied d'une colonnade dans un paysage de rochers, la Vierge est assise et tient sur ses genoux l'Enfant Jésus suspendu à son sein. A gauche, sur un plateau, sont posés un gobelet et une rose.

Toile. Haut., 1 m. 20; larg., 98 cent.

Cadre bois sculpté.

## ÉCOLE ANGLAISE

55 — *Paysage anglais.*

Toile. Haut., 32 cent.; larg., 66 cent.

## ÉCOLE ESPAGNOLE

56 — *Portrait d'Homme.*

Toile. Haut., 74 cent.; larg., 63 cent.

## ÉCOLE ESPAGNOLE

57 — *Saint François d'Assise.*

Toile. Haut., 74 cent.; larg., 59 cent.

## ÉCOLE FLAMANDE

58 — *Le Moulin à vent.*

Bois. Haut., 22 cent.; larg., 29 cent.

## ÉCOLE FLAMANDE

59 — *Paysage.*

Pendant du précédent.

Bois. Haut., 22 cent; larg., 29 cent.

## ÉCOLE FRANÇAISE

60 — *Portrait de Femme.*

Forme ovale.

Toile. Haut., 64 cent.; larg., 53 cent.

## ÉCOLE HOLLANDAISE

61 — *La Chasse au Faucon.*

Bois. Haut., 19 cent.; larg., 28 cent.

## ÉCOLE ITALIENNE

62 — *Intérieur de Palais.*

Toile. Haut., 42 cent.; larg., 91 cent.

## ÉCOLE ITALIENNE

63 — *Tête de Femme.*

Imitation moderne.

Bois. Haut., 48 cent.; larg., 34 cent.

## ESPINOSA

64 — *Martyr.*

Toile. Haut., 91 cent. larg., 70 cent.

## GOLTZIUS

(Attribué à)

65 — *Ecce homo.*

Sous les risées de la populace, le Christ sort de chez le Grand-Prêtre. Debout sur les premières marches du perron, il cherche à cacher sa nudité d'un dernier vêtement qu'un homme derrière lui va lui arracher, et, d'un geste résigné, incline légèrement à droite sa face amaigrie et couronnée d'épines.

A droite, sur le balcon, le Grand-Prêtre, coiffé d'un turban, le désigne à la foule ; tout autour du Christ, ce ne sont que figures grimaçantes : à gauche, un homme au menton proéminent, à la bouche lippue, vocifère, un enfant sur l'épaule. Derrière, au delà du balcon, on aperçoit une partie de la ville.

Bois. Haut., 1 m. 32 ; larg., 1 m. 71.

## GUILLOU (Alfred)

66 — *Concarneau.*

Signé à droite.

Bois. Haut., 19 cent.; larg., 27 cent.

## LEBEL

67 — *Vue de Hollande : Le Marché aux Chevaux.*

Au premier plan, un espace pavé, planté à gauche d'un arbre ; c'est le marché aux chevaux, sur lequel on aperçoit quelques porteurs, et des marchands avec leurs montures ; la place est bordée d'un parapet de fer au pied duquel court un canal qui va se perdre au loin sous un petit pont ; sur l'autre rive bordée d'arbres se dressent, bien éclairées, les larges façades de maisons d'aspect imposant.

Toile. Haut., 30 cent.; larg., 40 cent.

## MORLAND

(D'après)

68 — *Enfants.*

Gravure en couleurs.

## MURILLO

(École de)

69 — *Sainte Quiteria.*

La Sainte est à genoux dans le désert au pied d'un rocher sur lequel se dresse une grande croix ; un rayon céleste éclaire la figure en prière ; à ses pieds, quelques livres.

Toile. Haut., 1 m. 88; larg., 1 m. 06.

## PANNINI

?

70 — *Vue d'un Palais au bord de la mer.*

Toile. Haut., 41 cent.; larg., 45 cent.

## RENI (Guido)

(École de)

71 — *Vierge en adoration.*

Toile. Haut., 88 cent. larg., 68 cent.

## RUBENS

(École de)

72 — *Faunes offrant des fruits à des Jeunes Nymphes chasseresses.*

Toile. Haut., 1 m. 48; larg., 2 m. 20.

## SWERDONCK (VAN)

73 — *Coq, poules et poussins.*

Signé à gauche.

Bois. Haut., 17 cent.; larg., 23 cent.

## SWERDONCK (VAN)

74 — *Coq et poules*

Signé à gauche et daté 57.

Bois. Haut., 15 cent.; larg., 22 cent.

## SWERDONCK (VAN)

75 — *Devant la ferme; cheval et poules.*

Signé à droite et daté 1857.

Bois. Haut., 18 cent.; larg., 25 cent.

## SWERDONCK (VAN)

76 — *Moutons.*

Signé à droite et daté 57.

Bois. Haut., 17 cent.; larg., 22 cent.

## SWERDONCK (VAN)

77 — *Coq et poules.*

— *Les Deux Rivaux.*

Deux petits tableaux se faisant pendant.

Signé.

Bois. Haut., 14 cent , larg., 19 cent.

## ZAMPIÉRI (*dit le* DOMINICAIN)

78 — *Saint Jean-Baptiste.*

Toile. Haut., 64 cent.; larg., 51 cent.

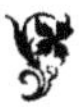

6896. — Imp. MOTTEROZ et MARTINET. Paris.

www.ingramcontent.com/pod-product-compliance
Ingram Content Group UK Ltd.
Pitfield, Milton Keynes, MK11 3LW, UK
UKHW022145170726
13837UKWH00004B/1796